무서운 밥

이철수 시집

문학의전당 시인선
0303

무서운 밥

이철수 시집

문학의전당

시인의 말

어눌하게 말을 바꾸는 구름
웅어리진 그의 생각을 읽는 동안
잘못 번역된 내 몸이 아팠다

2019년 1월 효천에서
이철수

차례

제2부

제3부

제1부

괴력

한 사람이 한 사람을 사랑할 때
세계가 그의 품에 들어와 안긴다
한 우주가 문을 열고 그를 품는다
한 천년(千年)이 따뜻하다

물레야

비파야, 수금아, 깰지어다
내가 새벽을 깨우리로다
—시108:2

물레야

켜켜로 쌓여 엎드린 세상 밖의 티끌까지 모두 돌아갈 수 있느냐,

하여 너의 천년이 당도할 큰 숨결이 어디냐 너의 혼이 고단한 오늘 빛이 사윈 주인의 깊은 성(城) 안에서 길을 잃고 추락한 새들이 화해를 기다리며 부상한 날개를 퍼덕일 때, 검은 숲을 향하여 바람은 끊임없이 미혹의 안개를 펴 올렸다

지열을 잃어버린 검은 영토

차가운 길가에 함부로 선 나무들은 제 푸른 영화(榮華)를 힘겨워하여 젖은 흙을 털고 일어나 스스로 나태한 뿌리를 거두어 더 깊숙한 골짝으로 가 끝끝내 마른 잎을 지웠다

한순간만 놓아도 끊어지고 말 이 두려운 방생(放生)

난산한 생명의 씨줄과 날줄이 교합하는 내 비겁한 육간의 오막살이 깜깜한 등잔의 얕은 심지를 뽑아 지금 위태한 불씨 하나 사르나니

오늘 신의 눈물 그득한 무덤 속에서 내 배은(背恩)의 사목(司牧)을 시퍼렇게 일으켜 세울, 너는 단단한 용서의 밧줄을 꼴 수 있겠느냐

유복(遺腹)의 어둠 속을 첫 새벽의 닭이 홰칠 때

물레야

노여운 사랑으로 참다운 희망 하나 거느리고 돌아갈 것이냐, 그리하여 끝 간 너의 천년이 돌아눕는 구원의 형틀에 끼어 등불같이 가파른 시간을 또한, 어여삐 참아낼 수 있겠느냐

우리는 생이라고 부르는 아름다운 죄를 사랑하였네라

가을 들녘에 서면 머리 숙인 벼이삭처럼 세상의 모든 죄들이 참 숙연해지네

잘못 간 길마저도 제 발길을 돌이켜 이 따가운 햇발 아래 와 다소곳이 엎드리는데 이제 만상이 허물을 벗고 제 집을 찾아 돌아오는 이 가을날에 타작마당을 지나면서 나는 보았네

잘 여문 알곡들을 키질할 때 풀풀거리며 무심히 바람에 까불리는 것을, 저 티끌처럼 가벼운 쭉정이들의 무위함을 영혼 없는 몸처럼 삼킬 수 없는 까끄라기들은 이제 다 어디로 돌아가야 하나 뽑히지 않는 욕망의 가시를 품고, 우리는 어디에서 와서 어디로 불려가는 바람의 씨앗들이냐

인생은 세월의 한 뼘 농원에 벌레 먹은 햇살 한 조각, 풀잎 위에서 잠시 반짝이다 스러지는 아침 이슬 같거늘 푸른 하늘길을 정처 없이 흐르다 금세 흩어져버린 새털구름같이, 여름 한낮의 자우룩한 잠 속을 슬몃 왔다 간 개꿈같이 허망한 순간순간의 가위눌림으로 어둔 골짝을 헤매던, 앞 못 보는 새벽의

물안개처럼 휘어진 등뼈를 일으켜 세워보지만 끝내는 허물어지고 말 그 고요하고 희미한 뒤척임들

우리는 그것을 생이라고 쓰다듬으며 다독이며 끔찍이도 사랑하였네라

등불

지금 누군가 등불을 켜요
어릴 적 혼자 남은 방 안에 별빛 들듯
어둠 속에서 눈을 부비며 부스스 일어나는 고요의 기척들
한 줄기 빛에도 저렇듯 어둡던 세상이 뒤척이는데,
내 안에 골목들도 따라 나와 일순간 제 발등이 환해졌어요
불을 켠다는 것은 캄캄한 길 위에 맑은 눈을 달아주는 일이예요
근심에 갇힌 마음의 옥문을 열어주는 일, 칭얼대는
밤바다를 다독이는 등대의 마음처럼 글썽이는
외로움의 손을 꼬옥 잡아주는 일이예요 이 밤도
어둠에 몸이 칭칭 감겨 오도 가도 못하는 밤벌레 울음소리가 들려요
어둠이 내린 학교 운동장 빈 의자에 오래 앉아 있는
무거운 침묵의 등을 어루만지는 달빛 고운 손같이
지금 깊은 산속 길 잃은 아기 사슴의 목에 반짝이는
별을 달아주는 따뜻한 손이 있을 거예요

내 영혼의 짐

세상에 와서 갚아야 할 빚이 너무 많아 나는 오늘도 무거운 내 짐을 생각하노니, 당신에게서 꾸어온 말씀의 자루를 메고 배내옷 같은, 젖동냥 같은 쿰쿰한 허기를 지긋이 타이르며 예까지 걸어왔으니, 나를 기른 가난한 어머니의 눈물이거나 다 닳아서 만져지지 않는 먹먹한 슬픔의 실금이거나, 나는 격랑이었으니 바람에 흔들리며 온 쪽배였으니 스스로 침몰하지 않고는 건널 수 없는 빛과 어둠의 위태위태한 경계에서 나는 그림자 없는, 한낱 작은 이파리였으니

어둠의 방향

날이 저물고, 나무들은 검은 옷으로 갈아입고 어두워지는 쪽을 향해서 사람들은 하나 둘 짧은 보폭으로 돌아가고, 이제 그만 일어서야겠다 여벌의 옷을 준비하는 여행자처럼 더 어두워질 날들을 위해 단벌뿐인 낡은 웃옷을 기워야 할 시간이 내게 조금 필요하다

한때 어둠은 내가 아버지를 기다리던 저녁의 모퉁이에서 쓸쓸하게 뒤따라오던 긴 골목같이 허허롭고 아련한 것이었는데, 언젠가 그를 보낸 한참 훗날에 그 길 끝에서 불현듯 다시 마주친 내 그림자의 방향이 착하기만 하던 아버지의 어깨처럼 순하게 조금씩 흐려지며 바닥으로 기울어지는 것을 보았다 그러나 나는 내게 스며드는 어둠을 계량(計量)할 수 없이 익숙해져 갔다 다만 어둠의 속도보다 나는 조금 늦게 어두워지고 조금씩 아련하게 구부러지고 아주 천천히 엎질러졌다 금이 가고 귀퉁이가 조금씩 헐렸다 한 움큼씩 뽑히기도 했다 닳아서 오히려 반짝이는 것도 더러 있지만 자세히 보면 그것은 오래 묵은 먼지의 더께처럼 나를 앞서 시간이 흘리고 간 찌꺼기였다

그러잡을 수 없는 밀어들, 다 놓아버린 후의 빈손, 욕망이 키운 허상의 광채, 사랑의 가면, 그 뒤에서 흘리는 헛웃음들, 어둠에 드러나지 않게 숨을 수 있는 찌꺼기는 아무 데도 없었다

그때에는 비로소 세상이 잠처럼 깊어지고 나는 덜어낼 수 없는 어둠을 끌어 덮고 그가 머리를 두는 방향을 따라 이 지상에서의 마지막 밤을 기억할 것이니,

내 몸의 중간숙주

누군가 나를 건너가는 소리, 내 몸 안에서 물소리가 난다
내가 눈뜨기 전 태초로부터 건너온 강물 소리

먼저 건너간 사람들의 그림자처럼 강은 끊임없이 그리운 것들을 거느리고 대조기의 욕망으로 나를 거칠게 이끌어간다
생의 지층을 흔들며 쓰다듬으며 격랑과 고요의 불안한 언어로 나를 다스리며 벗어날 수 없는 억겁의 죄(罪)를 고문하며 때론 늑탈하며 극점을 향해 흐른다

내 몸을 흐르는 강의 시원(始源)은 어디였을까

내가 나를 건너야 하는 생멸(生滅)의 중심에 서면 생은 언제나 가혹한 것이어서 차마 눈을 뜨기가 두렵다

종래에는 다다를 피안의 강
눈을 감아야만 생을 가볍게 건널 수 있는 에리다누스*

강은 내 몸의 중간숙주다

유리알처럼 투명한 영혼의 헌정을 위해 싯푸른 바람 속을 요동하며 문 닫힌 에덴을 향해 질주하는, 강은 살아있는 나의 야성이다

---

*그리스 신화에 나오는 이승과 저승 사이를 흐르는 강 이름.

파노라마

내가 보았던 것은 영원
무한으로 가는 시간의 날개

내가 본 것은 바람
과거가 풀어놓은 미지의 새떼

유령같이 무릎을 세우고 우주의
중심을 향해 비상하는 알바트로스

회전하는 꿈의 원형극장
활짝 열리는 꽃의 시공(時空)

차라투스트라의 비극

저 형형한 꽃의 배후에는 구름의 실을 뜨개질하는 여자의 붉은 손이 있다네

얼기설기 보풀거리는 실 뭉치를 가지런히 풀어 안개와 이슬과 비와 바람을 마름질하는 태양의 창고를 가진 여자의 붉은 집이 있다네

오늘밤 별이 뜨면 아우라 넘치는 니체의 혼을 깨워 투구꽃 한 송이 안개꽃 한 다발을 피울 여자의 그 붉은 손을 볼 수 있겠네

꽃은 지상에 뿌리를 두지 않고 온몸을 허공으로 밀어 올리지 이를테면 우주는 광활한 꽃밭 지상의 문을 열면 벌 나비 떼 가득한 천국

객석은 언제나 차고 넘쳐나지

절제된 비극의 정점을 향해 연극은 꿈쩍도 하지 않는 진리를 궁글리며 일상의 허구를 조명하겠지 극의 서막을 고대하는 관객들은 언제나 그랬듯이 막이 오르기도 전에 가뜩이나 흥분된 표정으로 막장의 결말을 예단하며 보이지 않는 신의 옷자락을 붙들고 발을 구르거나 얼굴을 감싸고 울부짖기도

하지

각기 다른 소리를 내는 악기들처럼 성호를 긋고 체위를 바꾸어가며 방언하는 사람들,

질주하는 이스라엘

오, 신의 부재를 말하는 그대여,

그대는 신의 죽음을 지켜보았는가,

비극이란 그대가 비극의 결말을

예단하는 데서부터 시작되었으므로

상처 없는 영혼이 어디 있으랴

인생은 용기의 축제를 위해 호른을 불며 투우장의 투우사와 같이 불같은 가슴으로 내달려 차디찬 이성의 날카로운 칼을 스스로 자신의 등에 꽂을 수 있다네 그러나 그대의 예리한 이성이 세상을 명중할 수 있다 해도 신념이 없이는 영원에의 명징한 과녁은 볼 수 없다네

그대가 신의 죽음을 목도하였다면 그대의 절망은 허상의 유희 그대의 이성이 깨뜨려버린 보이지 않는 실상과 그대 안에 두고도 어리석어서 진리를 통과하지 못하는 파장이 없는

프리즘, 현존의 피안과 배후에서 영원의 길을 내는 노역의 손을 그대는 만질 수 없다네

저 형형한 꽃의 산맥과 실핏줄과 세미한 숨결을 고르는 더운 바람의 손을 보았다고 말할 수 없다네

겨울 꽃집에는 안개와 이슬과 비와 바람을 마름질하는 여자의 붉은 손이 있다네 그러나 그대가 본 것은 시들어버린 투구꽃 한 송이, 안개꽃 한 다발, 그리고 그대의 얼음 같은 이성의 칼이 겨누었던 투우의 단단한 근육질 뒤에 번득이던 분노의 검은 눈동자뿐이라네

탁류

난세에는 떠도는 것이 상책이다*
말뚝을 뽑고 고삐를 풀고 색을 지우니 가볍다. 투명한 몸
자유롭게 유영하는 물고기처럼 비를 머금은 먹구름도
막다른 길에서는 이내 지느러미를 버리고 제 흔적을 지우더군

그런데도 저것 봐, 흙먼지를 뒤집어쓴 마른 풀잎들 봐, 비를 숨긴
천둥소리에 귀를 씻고 뾰쪽뾰쪽한 눈을 뜨며 다시 일어나고 있어

탁류 속에서 협곡을 향해 뛰어오르는 물고기 떼의 저 처절한 몸부림, 그러나

가까이 가지 마라
뭍이다

---

*황동규의 「여행의 유혹」에서 첫 구절 인용함.

큰소리로 울어봐

큰소리로 울어봐, 그러나
세계는 미동도 하지 않는다
세계는 너의 울음을 그치게 할 수 없다
너의 울음은 나무 이파리 하나도 흔들지 못한다
그 사실에 세계가 절망하며 운다

자객

벌노랑이꽃 문 앞에서 서성이던 꿀벌이
꽃의 옆구리를 몇 번 간질이다가, 한동안
뜸을 들인 뒤 이내 꽃술 안으로 성큼
걸어 들어간다 잠시, 몸을 휘청거리며
꽃이 자지러진다
빛을 버무려놓은 노란 꽃방이 아늑한
술청 같다 저, 샛노란 꽃의 살의(殺意)
잠시 술렁이는 바람의 외곽
꽃은 벌을 유혹한다지만
모든 향기의 주소를 기억하는 벌이
먼저 꽃에게 다가가는 것이다
아니다, 벌을 찾아가는 건 꽃이다, 그러니
너의 향기로 그의 심장을 쏘지 못한다면
색(色)을 지우고 자진할 것,
꽃은 계절의 자객이다 그래서
제 안에 숨겨둔 농밀한 색(色)의 비수(匕首)로
벌의 목을 벤다
향기에 취해 간혹 포로가 된 주검들

저 주검이 남긴 단내, 문 밖을 나서면, 때론
다디단 향기가 눈먼 죽음을 부를 때도 있다

그래도 해는 다시 떠오를 것이다

에이란 쿠르디*가 묻힌 바다 무덤에
비가 내린다
굴렁쇠 같은, 유리구슬 같은 무한궤도의 자유가
굴러가다가 헛돌다가 익사한 바다
모래밭에 뒤집힌 한 세계의

공포와 경악과 분노** 위로 검은 비가 내린다

떠나왔지만 떠날 수 없는 사람들이 나라 없는,
나라 밖 바다 무덤 속을 떠돌다
속수무책으로 자맥질을 하고

세계가 한 세기의 배꼽에 총을 겨누고
탈이데올로기로 장식한 풍성한 식탁 뒤에 매복한
반혁명적 bomb car들이 꽃잎을 꺾듯 펑, 펑
세계를 하나씩 부러뜨리는 21세기의 서바이벌

세계는 그렇게 또 한 번 바스라지고, 엎질러지고,

깊이 목이 잠겨도 아무 일 없는 듯 꿈을 꾼다
잠 속에서도 세계가 비에 젖는다

잿빛 지구 병동, 심 정지된 수많은 table death***
봉합할 수 없는 외과적 세계의 너덜너덜한 모가지가
돼지처럼 꿀꿀거리며 또 수술대 위에 눕는다

굶주린 자유가 TNT로 중무장한 섬뜩한 세계와 공존하는
새벽 한 시, 초시간성 세계사의 병실로 배달된
밀레니엄 삼각김밥 한 접시,
배고픈 세계가 초간편 식사를 한다

세계는 어둡고, 검은 비는 내리고,
그래도 해는 다시 떠오를 것이다

확신할 수 없지만 그렇게 믿어보는 것이다

* 시리아 난민으로 2015년 9월 2일 지중해를 건너 그리스 코스 섬으로 가던 중 풍랑으로 배가 전복되어 터키의 휴양지 보드룸 해변가에서 시신으로 발견된 세 살 남자아이. 어머니와 그의 형과 쿠르디 가족 세 사람이 죽음.

** 최승자의 「촉촉한」에서 따옴.

*** table death: 수술 중 수술대에서 사망하는 것을 가리키는 의학용어.

우레의 낙관

간밤에 누가 다녀가셨나
돌담 무너진 터에 깊은 물웅덩이가 생겼다

먹기왓장 깨진 허공에 풋열매가 떨어지고 배꽃이 지네 앞가슴을 다 열어젖힌 왕버들이 물가로 나와 실성한 듯 늦은 살풀이춤을 추네

어둠까지 다 씻어내고 밤새 주정을 하던 성깔 사나운 사내가 그녀 머리채를 쥐 흔들고 간 뒤에 할퀴고 뜯긴 아랫도리 허연 살이 다 비치도록 남사스럽게 가랑이를 벌리고, 확 까디비진 눈으로 더는 밀려날 곳 없다는 듯 머리 풀어 다 젖은 몸으로 허공에 대고 바락바락 악을 쓰네, 암팡지게 종주먹질을 하네

해도 달도 다 숨어버린 수상한 하늘 안마당에서 불수레가 내달리는 소리 쿵쾅거리며 캔버스 가득 널뛰듯 휘젓고 간 우레의 붓질, 태풍 루사가 밟고 지난 자리, 미술관 바깥뜰에 찍힌 우레의 낙관

풀잎의 노래

바람이 세차게 이마를 치며 지나갔다 잠시 휘청거리며 우리는 한 방향으로 서로 몸을 묶고 바투 일어섰다

—아파하지 마라 쓰러져도 잠시 입술을 물고 버티는 거야,

형은 바람을 등지고 선 내 어깨를 토닥이며 말했다

—처음부터 우리는 아무렇게나 뿌려진 이름 없는 풀씨였어,

꺾인 목을 추슬러 형의 어깨에 기대며 나는 바람을 원망하듯 말했다

—그래, 우린 흩뿌려진 풀씨였어 한때 흩어졌지만, 그러나 이렇게 되돌아오지 않았니, 푸른 피의 정신으로 일어서는 거야 그리고 다시 길을 가는 거야 보아라, 우리가 걸어온 길마다 상하고 찢긴 자국들을, 상처들을, 아픔이 없이 우린 꿈을 꿀 수 없어, 상처가 우리를 일어서게 하는 거야,

—그렇지만 우린 세상을 이길 수 없어, 수없이 바람에 넘어지고 흔들리며 왔잖아

흐느끼듯 부르르 떨며 나는 숲을 향해 일어섰다
형은 다시 바람에 들썩이는 내 어깨를 두 팔로 감싸 안으며 더 큰 소리로 외쳤다

—존재하지 않는다면 흔들리지 않아, 그러니 우리의 노래를 바람의 언어로 오역(誤譯)하지 마라 저 무성한 숲을 봐라 제자리서 오래 흔들리며 푸른 중심을 배워 사상과 이념의 그늘을 키웠으니 어느 곳에서든 뿌리를 둔 곳에 눕고 일어서는 우리가 모든 것을 다 받아들이고 또 모든 것을 다 내어준 후에야 고요한 수평으로 한세상을 얻는 거야, 다만 이기기 위해 여기 잠시 쓰러질 뿐, 존재하기 위해 끝없이 흔들릴 뿐,

아파하지 마라 쓰러져도 잠시 입술을 물고
버티는 거야

갈 수 없는 나라
—1987

억!
하고 고꾸라진 한 세기의 정각(頂角)에는
캐터필러의 단단한 이발 자국이
옥새처럼 찍혀 있고
끝이 들린 외짝 신발 하나
막다른 길에 거꾸로 그쳐 있고
가로 잘린 소나무 마른 둥치가
주인 잃은 좌판처럼 널브러져 있어
일몰, 그 후로
어두워진 마을의 구렁가엔
죽지 부러진 새들이 여럿 몰려와
수면에 뜬 침침한 공중 길을 건져 올리고 있어

만조의 바다가 수태한
한 왕조의 별자리를 따라
이른 철바람이 넘어오는 수평선 끝으로
망명한 나라들의 밥 짓는 연기 피어오르고
하늘을 빠뜨린 새들이

물속에 잠긴 제 얼굴을 자술서처럼 들여다보며
정지된 나이를 오래오래 호명하고 있어
주인 없는 정령(精靈)의 숲에는
몸을 베인 나무들이
짧은 외발로
가파른 비탈을 공중제비하고 있어

광장

석양이다 하강하는 태극기 앞에서 우리는 가슴에 손을 얹고 부동의 자세로 서서 엄숙하게 한 국가의 체제와 이념의 형식이 빠르게 완성되는 것을 지켜보았다.

쇠락한 시간의 잔영(賤影)이 오래되어 낡은 고서(古書)처럼 그러나, 완고한 빛으로 이제 막 새순이 나듯 피어나 편입되는 미래의 불안과 함께 안팎으로 단단하게 도열한, 광장은 늘 빛과 그늘이 혼재해 있고 남루한 사상의 물웅덩이가 좌판처럼 고단하다 그물코같이 촘촘하고 높은 망루의 정신 쉽게 무너지지 않는 자본의 쇠사슬이 묶어놓은 창공의 길 새떼들이 숲을 잃고 떠돌다 내려앉은 아뜩한 굴뚝 좌우 편향의 보행을 독습하는 다국적 이념의 땅끝인데 우리는 어느 쪽을 향해야 끝끝내 신성(神聖)에 다다를 수 있을까
집요하게 우리를 붙들고 있는 진리가 자유가 공의의 불편한 진실이 우리를 더욱 목마르게 한다.

아버지, 우리가 결연한 의지로 장차 소유할 천국은 어디쯤에 와 있나요? 지금 견뎌내기 힘든 이 아수라의 땅에서 아프

게 우리를 옭죄고 있는 단단한 신발 끈을 좀 풀어주실 수는 없나요?

검푸른 저녁의 식탁 가까이로 우리는 둘러앉는다 식탁은 우리의 신념, 무너뜨릴 수 없는 우리의 자유, 우리의 해방구

자꾸 실투하는 투수의 공이 검푸른 저녁의 궤적을 이탈하고 있다 마른 오징어를 씹으며 여자는 뱃속의 아이를 잠시 떠올렸다 헤드셋을 낀 여자에게 스콧맥켄지의 샌프란시스코가 걸어 들어가고 이제 여자는 곧 태어날 아이를 위해 원정을 갈 것이었다 투수의 공은 이번에도 빈볼이다 샌프란시스코에 오시거든 머리에 꽃을 꽂으세요……

국가도, 종교도, 신념도, 우리의 사랑도 저 혹독한 빈볼처럼 자본으로 치환되는 광장, 아무런 불평 없이 잉여의 룰을 긍정해야 하는 건강한 식단 새로운 국적의 아메리칸 베이비, 그러나 그대 아시겠어요? 우리들의 무력한 공복과 끊임없는 갈증으로는 호환되지 못하는 세계와 엄숙한 이념의 형식을, 체제의 형식을, 사랑의 형식을……

아버지, 나와 우리의 누이들을 정녕 그 경전의 우리 안에 가두어 먹이시겠어요?

우리는 꽤 안락한 형식으로, 신념으로 딱딱한 나무의자에 오래 앉아 근사한 저녁식사를 한다.

오늘 우리가 소유한 신념의 액면가는?
출렁임 없이 언제까지 우리는 버틸 수 있을까
이 광장의 높은 공장 굴뚝에서 다시 지상으로 돌아오는 것은 한 세기의 모험이다 마음보다 먼저 투신하는 순금빛 햇살, 어둠은 허름한 내부를 모두 은폐할 수 있겠지만, 하강국면은 지속될지 몰라요 속단을 믿으세요 단언컨대 그 믿음으로 당신 인생을 베팅하세요 더 낮게 엎드리시겠다구요 그리고는 기회를 노려 재빠르게 베이스를 찍겠다는 거예요? 거세되지 않는 속도와 힘으로 도루할 수 있겠어요? 당신, 우리는 자칫 무중력의 공간에서도 압사당할 수 있어요 도처에 문신과 같은 스키드 자국, 저것 봐요 타이어 타는 냄새 이 가속의 질식할 것만 같은 기상들 우리는 자본의 식민, 당신의 추종자, 쁘

띠 부르조아, 우리는 부하뇌동 하지 않고 당혹해하지 않고 당신의 경전을 믿어요 당신의 완고한 헤게모니를 믿어요 애통한 심령으로, 가난한 심령으로, 그저 문드러진 몸통 하나로 이 곤죽의 펄밭을 기어나갈 수 있을 거예요 저것 보세요 찬란한 햇볕이 그늘에 파먹히고 있어요 저렇듯 침묵으로 웅변하는 쓸쓸한 그늘의 방식을 우린 알고 있기 때문이에요.

불화(不和)
—소리의 소품

얼기설기가 가네 잔뜩 먼지를 뒤집어쓴 만수산 드렁칡이 상투를 틀고 가네 비비꼬며 북 치고 나발 불며 설설 기어서 가네 곡비처럼 우우거리며 건들건들 제 흥에 업혀서 태평천하를 건너가네 대쪽도 심지도 없는 도돌이들이 봄날 능수버들로 휘휘 늘어져 이러구러 몽그작거리며 가네 서로 소통되지 않는 모국어로 가도 가지는 못하는 입술들, 봄볕에 세상구경 나온 하릅강아지들마냥 왔다 갔다 쉬었다 가다로 박자도 벌고 음정도 재끼고 잔뜩 기미 낀 그늘 한 종재기 어쩌다 볕발까지 와서 잘박잘박 몸을 잠그네

아아, 그러나 어떡하죠 줄기가 되지 못하고 뿌리 없이 부랑하는 소리의 저 어설픈 곁가지들, 찧고 까부는, 저것은

대체 음(䨓)인가요 악(惡)인가요

제2부

첫눈

어머니가 먼 길을 다녀가셨다
백설기 좋아하는 자식을 위해 밤새 빚으신 흰떡을 시루째 머리에 이고 와서
마당가 장독대 위에 살포시 내려놓고 가셨다

맛 감별사
—돈맛

메주 뜨는 냄새가 나네, 어디
상한 꼭지에서 구린내가 난다
뚜껑을 열자 아주 물러진 값이 칠푼이다
오래 묵어서 부패해진 본성인데,
그래도 그렇지, 누가 누룩의 맛이라고 했나 터무니없이
단맛이다

어떤 입은 제 맛을 들키지 않으려고 설익거나
곰삭을 대로 곰삭거나 아예 새까맣게 그슬려서 귀를 닫고
살금살금 어떤 혀로도 읽어낼 수 없도록 불가해한 속내를 숨기기도 하는데,
이 은밀한 맛은 그러나,
대단히 직설적이고 절대적이며 독보적이다

이 깊은 맛에 혼을 빼앗기고 몸을 망친 이들이 문전성시를 이룬,
고래(古來)로 그 집 앞마당에서 죽어나간 이들의 수효는 얼마고,

예수를 팔아버린 유다처럼

그 맛에 들려 천국을 파는 사제(司祭)들이 지금도 넘쳐난다니,

가히 구리고 독(毒)하고 쿰쿰한 그 맛, 가질수록 더 커지는 갈증으로 몸을 태우는

아편 같은,

이 맛에 취하면 죽음까지도 마다않고 덤빈다는데,

아, 그런데 이 엑스터시를 왜 향정신성 물질로 분류하지 않는 거지

오월

아이가 상처를 배울 나이였다
그래서 오래 묵힌 상처를 꺼내 보여주었다

하늘 가까운 길을 걸어가서 땅을 팠다
피 냄새가 났다, 주먹밥처럼
꾹꾹 눌러놓은 등거리에서 매운 내가 났다
지짐이 냄새가 났다

여러 곡절로 숨죽이며 함부로 묻혀 있던
비탄들이 툭, 투둑, 매듭을 끊고
비어져 나왔다, 눈물이 번졌다

눈물 듣는 곳마다 묻어나는
초록, 그만

아이가 울음을 터뜨렸다

속물(俗物)을 읽다

귀신을 알아본다던 그가 무당이 되었다
접신(接神)의 굿판 속으로 들어갔으니 곧
신의 눈을 닮겠다

미래산업혁명을 예언하던 학자가 파산을 하고
그를 추종했던 제자는 개종을 했다

얼룩배기 보더콜리가
제 주인의 양떼를 몰고 간 남태평양 섬나라로
천국이 슬그머니 포장이사를 하고,
괜찮다
침노하는 자나 당하는 자 모두 같은 혈통의
성골(聖骨)들이니, 괜찮다 하고
불심(佛心)의 언저리를 헤매는 산중 도량(度量)들은
출입 잦은 푸줏간 물갈이로 장염을 앓는데도,

염려 없단다

오늘도 출렁거리며 잭팟을 터뜨리는 바다이야기가 잘 돌아가는 도시

이 도시에 가랑잎같이 밟히는 한 무리의 거렁뱅이, 동냥아치, 맨 몸뚱어리 노숙자들이 쥐뿔도,

달랑 두 쪽뿐인 밑천을 워낭처럼 흔들어대도 어느 누구 돌아보는 이 없이 무심한, 그래도

우리는 당신네들보다 혼(魂)이 더 맑단다

나는 딱히 영매(靈媒)와 미래산업혁명과, 종교와 천국과, 달랑 두 쪽의 쥐뿔과 영혼의 순도(純度)가 어떤 상관관계가 있는지 잘 모르겠다

천박과 비밀 사이, 세련과 고독 사이에
저마다 자신에게 맞춤형 사족을 달고, 궁색하게
거룩한 참자아(自我)를 현자(賢者)처럼 논하려 하지만
모두가 발가벗은 속물의 환승이다 그래서
속물이 속물 보고 속물이라 한다

나는 그것을 속물의 바탕색이라고 읽는다

속물의 근성은 개별적으로 색맹이다
서로가 제 눈에 낀 들보를 보지 못하는 외눈박이들로 일가를 이룬, 줏대 없는
넋두리들이 연합한 떠돌이 식객(食客)들이다

그 부족 안에 속물 아닌 속물은 없다
그 속물 속에는 천국과 바다이야기와 푸줏간과
쥐뿔들이 모두 거기서 거기,
도찐개찐이다

점례 1

어둑어둑한 저녁 언덕의 등마루에
고삐 매인 어린 염소의 애진
눈빛을 닮았네

제 어둔 그림자를 끌고 허공의 물빛을 깨뜨리며, 첨벙거리며 닿지 않는 그리움의 언저리를 맴돌다 지쳐 다 젖은 몸으로 아슴하게 풀어지던 고단한 몸피

붉은 옻칠 경대 빼닫이 속 얼레빗같이
두근거리는 열일곱 겁 많던 내 누이
뒤웅박 속 일렁이는 촛불같이
지난밤 빗속을 다녀간 으아리꽃
젖은 발같이, 슬며시

마른장마 끝 붉은 목단꽃이
목을 꺾던 흙담길 돌아
꽃상여 지나던 유월의 달뫼등
한낮의 쉰밥 덩이같이

컥컥 목이 메던
아아, 목이 메던

돌아오지 않는 이름

기차가 가고 후드득 감꽃 지네 떨어진 감또개같이 무른 누이가 시집을 가네 옹기장수 외팔이 혁수 아재가 집 나간 어린 아내를 찾아 서울로 가던 날 점이네 어미소가 팔려가던 아랫장터, 쇠전머리 무쇠 저울추처럼 그렁그렁하게 맺히고 고인 것들 뒤로 굴뚝처럼, 빈 외양간처럼 우죽허니 홀로 남은 자리, 감물 들듯 초록이 든 마음을 밀어, 우레같이 쿵쿵거리는 마음을 밀어 하산다리 지나면 여울목 물 바닥에 빠른 구름을 좇아가는 송사리 떼

떠나고 남은 것 뒤에 목매기 울음소리 먹먹하게 들붙고 어룽어룽 몇 량의 그리움 실은 기차가 극락강을 건널 때 그을음 낀 저녁은 저만치 여객(旅客)처럼 내려 고단한 발을 끌며 들어오네 잠 없는 때꾼한 눈으로 하루가 또 감꽃처럼 지네

감꽃은 지고 해마다 꽃 진 감나무 그늘 아래서 나는 다시 돌아오지 않는 것들의 쓸쓸한 이름들을 헤아려보네

소리 껍질

우리 집 대추나무에서 여름 한철
매미가 울었다
일생의 붉은 울음을 나무가 다 받아먹었다
매미 떠난 빈집, 그가 얇은 옷 한 벌을
벗어두고 갔다
속을 다 비워낸, 투명한 망사 커튼 같다

매미

미루나무 잎사귀 울울한 그늘 집엔 먹매미 떼 울음이 한 독 가득하였습니다

우레를 닮은 목청으로 시장 바닥을 누비던 아버지가 박 속처럼 가뭇한 술청 안으로 들어간 뒤 산판을 하듯 비탈의 잡목들을 마구 쓰러뜨리는 개꿈 같은 한낮입니다

아물아물 그늘을 옮기며 양은사발 그득 거푸 술을 푸던 아버지의 얼얼한 홍이 전기톱을 켜듯 선소리로 때굴때굴 산비탈을 구를 때면 채반에 사금 고르듯 치르치르치르치르치르르르르 덩달아 어머니의 울음주머니도 몽돌같이 빵그런 뒤 모서리가 여럿 생겨났습니다

곡성(哭聲)처럼 이구동성으로 천둥을 주고받고 치대며 해종일 태산을 넘어가던 소리꾼들

온몸이 절구통이 되어 제 몸을 찧고 또 빻아 이승의 껍질을 벗는 저 절구질, 불을 뿜듯 불안한 날숨이 어느 막다른 골목에 이르러서야 끝이 날는지,

핏덩어리 같은 해가 붉은 수수밭 머리 위에서 제 뜨거운 울음을 엎지르며 뒹굴다 가고, 파장 무렵 남은 장짐을 갈무리한 아버지와 어머니가 저녁노을 속에서 낡은 수레를 밀고 당기며 바둥바둥 마을 앞산 너덜겅을 지나 맥없이 집으로 돌아오는 여름날이었습니다

안개의 바다

밤이 늦어 돌아온 아버지의 손에는 싯푸른 바다가 하나 들려 있었다 아버지 몸에서는 갯내가 났다 생피 냄새가 났다 찬찬히 귀를 기울이면 해조음이 들리고 지느러미 긴 물고기들이 바닥에서 떠올라 사방으로 유유히 흘러다녔다 손을 비비면 무수히 많은 은비늘들이 방 안 가득 더미를 이루어서 차마 나는 그 빛에 눈을 뜰 수가 없었다

아버지는 바다 사람이었다

내가 태어나기 전부터 아버지는 바다에서 살았다 그러니까 아버지는 한 번도 그 바다를 떠나지 못하고, 낡은 목선처럼 잔물결에도 팔랑이며 그 바다를 돌아나가지 못하고, 죽음까지도 놓아주지 않는 완강한 소용돌이 속을 벗어나지 못하고 끝내 더 깊은 바다로 갔다

우리 집은 거대한 바다

내가 세상에 낚인 것은, 그러니까 아버지의 미늘에 덥석 아가미를 내어준, 그해 윤삼월 구름모자를 벗은 달이 자망자망 밤바다 위를 걸어간 삼경 무렵, 검은 머리를 푼 앞산이 물속

으로 들어와 제 몸을 물구나무 세운, 그 솟대바위에 앉아 나는 무슨 골똘한 생각도 없이, 하마 고요 속에서 번뜩이는 어항별자리 하나 눈 맞추고 있었는데, 구름 비낀 달빛에 희미하니 썰물 때의 바다가 혹등고래처럼 출렁이며 한번 무겁게 뒹구는 더운 바람에 가위눌려 퉁퉁 부어오른 몸을 뒤척이는 찰나 발목이 접힌 나는 그만 아뜩하여 정신을 놓고 말았는데, 노오랗게 몸을 감은 달빛이 내 첫울음을 받아주었다

그때 한 번도 본 적 없는 털북숭이 덥수룩한 사내가 구릿빛 굵은 두 팔로 나를 안아 올리며 내 아들아, 하고 불렀을 때 이미 전생을 놓쳐버린 나는 두려움에 떨며 통곡하듯 까닭 모를 설움에 복받쳐 더 크게 소리 내어 한참을 울었다

그때부터 나는 그의 손에 이끌리어 내 돌아갈 길을 잃고 허둥대며 나를 아들이라고 부른 한 사내의 편애와 가상히도 그가 내게 보여준 칠흑의 바다를 칼처럼 가슴에 품고 앞을 가늠할 수 없는 안개의 숲을 묵묵히 걸어가야만 했다

우리 집은 거대한 바다

밤이 늦어서야 돌아온 내 손끝에는 끝끝내 돌아나가지 못

한 아버지의 싯푸른 바다가 출렁이고 있었다

나는 차마 눈을 뜨지 못하고, 다시는 그 고요 속으로 돌아가지 못하고 캄캄한 바다 숲 솟대바위 없는 바닥에 엎드려서 아버지가 풀어놓은 이 낡은 쪽배가 팔랑이며 어디까지 흘러가는지를 숨죽여 듣고 있었다

이 봄날의 빛 가운데 서면

노랑물이 든 장다리꽃이 이른 봄볕에 나비처럼 날개를 펴네 겨우내 언 발을 녹이며 푸석하게 마른 무릎을 동글게 말아 얹힌 볕 마루 유난히 추위를 타던 어머니가 무청 시래기같이 비썩 마른 몸으로 걸터앉아 있네 지난 동한(冬寒)에 잎이며 가지며 열매를 다 거둔 후 서둘러 넘어가던 노을 길, 가고 없는 날의 외따로이 혼자 남은 가시 줄기에 한오리 살빛이 허공의 찬 이마를 쓸고 있네 여러 해 기워 입은 겉옷처럼 섧고 또 설운 날들이 가고 아주 닳아서 해진 자리마다 덧대어 기운 자국만큼 질끈 동여맨 세월의 보퉁이를 풀면 길섶마다 어지러이 우거진 한 뙈기 묵정밭이 있어 질경이, 쇠비름, 명아주풀을 돌보던 그이의 몽근 가슴만큼이나 다 닳아서 낡은 호미자루같이 옹이 진 무릎만큼이나, 오늘 무꽃이 피는 나의 빈 밭에 두근거리는 나비의 숨결처럼 이 따스한 봄날의 빛 가운데 서면 그리운 이의 눈빛이 한없이 높고 오목하여져서

따뜻한 손

어둠 속에서 잠긴 문이 옛집 뒤란 쪽으로 열리네 달이 뜨고 대숲에 자던 바람의 손이 내 찬 이마를 짚고 부스스 일어나는 소리, 지하 단층을 밀어 올리는 마그마처럼 펄펄 끓는 적막의 심박동 소리

누구일까,
그 밤에 울면서 마을을 떠나가던 이의 오똑한 슬픔같이 다듬이를 두드리는 손은,

철들기 전 시집간 내 누이 울며 떠난 집, 남겨둔 반짇고리같이 둥그런 밤 두근거리며 능소화 어둔 담장에 기대어 남 몰래 꽃불을 켤 때 재 넘어 아랫마을 마실에서 돌아온 어머니가 그을음 낀 기름등잔의 심지를 돋우어 불을 얹고 머위 잎같이 큰 손으로 햇배를 앓는 나를 안아 쓸어주시던 아랫목,

뒤란 가지나무 뾰쪽한 잎 그림자가 바람에 사그락사그락 창호 문을 스칠 때면 어머니는 무섬 탄 내 눈을 두 손으로 감싸주시고 나는 시금하게 뜬 새우 눈으로 어두운 사위를 둘러

보면 멀리 탱자나무 노오란 열매처럼 도란도란 흔들리던 알전구 희미한 불빛 속으로 목화솜을 타던 아버지가 성큼성큼 걸어와 내 작은 손을 꼬옥 잡아주던

아, 그때 뭉게구름같이
어린 내 몸을 펴주시던 따뜻한 손들은
다 어디로 갔을까

점례 2

점례는 벼락꽃
마른 장작더미에 불붙듯 화르르
붉은 목단꽃이 풀썩 놓아버린 외마디
다시는 돌아오지 않는
곤곤한 나의 봄이다

점례는 내 누이
여름 한낮의 희멀건 반달이다
인공 때 도망 나온 아버지가
입에 물고 온 두 번째 숟가락, 다 닳은
양은냄비 바닥에 새까맣게 주저앉은 버즘꽃이다
그을음 끼인 정지 구석에서 치대다 만 밀반죽
아픈 검지손가락이다

껴묻거리
—옥이 엄마

썩은 관 뚜껑을 열자
곱사등이처럼 잔뜩 웅크리고 누워 있는
그녀 손에 수저 한 벌이 들려 있었다
부지깽이같이 마른 손, 꼬옥
감싸 쥔 오른손을 펴 수저를 떼어내자
흰 뼈들이 우우우우 일제히 일어났다
아직도 물리지 않은
밥,
한,
상,

모형 동굴에서

별 들지 않는 골방에서 잘그랑거리며 혼자
놀다 가는 샛별의 울음 끝이 쓸쓸하다
노랗게 굽은 달의 등을 떠밀고 와 산 숲에 뉘어놓고 재 너머 서해마을 소금밭에 발을 빠뜨린 회색 구름의 몸이 얼얼하다

언젠가는 풀어져버릴 저 뜨신 응혈들

오금이 저리도록 기다려도 오지 않는 사랑이여,
이 너른 세상에서 이렇게 오래 앓아누우면 깊은 병도 아무렇지 않게 고요한 목숨에 가닿을 수 있는 것을 사람아, 괜찮다 이대로 괜찮다 하고 헐한 몸을 돌아 누이던 이불홑청같이 마른 어머니의 시절 쓰라리고 아픈 상처들이 어둠 속에서 제 속울음을 꽉 베어 문 채로 새살을 키우던 한 시절,

날이 저물면 홍단풍처럼 붉은 이내들도 기울어
다 써버린 시간의 변방을 바람처럼 쭈뼛거리다 잠잠해지는 나이테 부근, 잔뜩 그을음 낀 굴뚝 속에서 마르지 않는 짚

불 연기 한 오리 하늘 길을 열고 있다

캄캄한 적막의 바깥이 붉다

무서운 밥

늙은 아버지가 젊은 아들과 마주앉아
밥을 먹는다
밥을 먹는다는 것은 거룩한 일
밥을 먹는다는 것은 행복한 모험
얼얼하게 휘어진 생의 등뼈를 곧게 펴는 일
지는 해를 끌어다 허리춤에 묶고 내일 아침 다시
동편 산봉우리 위로 불끈 밀어 올리는 거대한 힘

뉘엿뉘엿 석양마루 끝에 앉아 여지껏
밥을 먹는 구순(九旬)의 아버지여,
찬 구들에 불 들어가듯 아버지 몸 안으로 뜨신 밥이 드신다
아들이 아버지의 수저에 아직 상하지 않은 해의 싱싱한 속살을 발라
한 점 한 점 꽃잎처럼 얹어드린다
버짐꽃 핀 구순(九旬)의 아버지가 수저 쥔 손을 바르라니 떠신다
아버지, 밥이 흔들려요 밥알이 어지러워요
흘린 밥알들이 무릎 위로 쿵하고 주저앉는다

무릎뼈가 삐걱하고 꺾이는 소리,
저 천근(天斤)의 무게를 저울질하는 아버지여,

요단강을 건너는 듯 멀고 고단한 밥의 행렬
평생 밥의 신전을 떠나지 못하고 그 지존의 문을 지키셨던 아버지가
이제 밥의 입구에서 일생의 입질을 회개하시는지
덜덜덜덜 손을 떠신다 삐질삐질 땀 흘리신다

밥상이 온통 노을빛이다

슬픈 영화
—대인동

별들의 고향 지나 영자의 전성시대가 끝나고, 그때 사라진 대한극장 뒷길에는 아직도 끝나지 않은 맨발의 청춘들이 몇 장, 추억의 찌라시가 되어 침침한 가등 아래 두근두근 암표상처럼 서성이고 있다네

예고편도 없이 너무 쉽게 열려버린 생의 안쪽 문은 다시 잠글 수 없고 얼룩진 꽃무늬 벽지처럼 눅진한 자폐의 얼굴들만 희멀거니 낮달이 되어 떠도는 골목

언제나 밤보다 먼저 찾아온 어둠이 마른 지푸라기처럼 몸을 뒤척이는 살구나무집 쪽방, 때 절은 암막커튼 뒤에서 동시상영되는 영화, 〈타임〉

어룽어룽 달그림자 아래 푸석하게 빛이 바랜 스카프들이 바닥 없는 낡은 뱃전에 기대어 고단한 날개로 닻을 내린 갈매기 항구 너무 무거워서 빠르게 잠겨버린 생이 스스로 결박을 풀지 못해 이제는 되돌아갈 수 없는 먼 곳

목울대처럼 캄캄한 골목길 따라 물밀듯 어둠이 내리면 새

우등같이 둥글게 부풀어 오른 밤바다에 하나 둘 집어등을 켜고 정박한 고깃배들, 서로 허름한 어깨를 엮어 가벼운 허기로 출렁이는 이생의 채낚기들, 비 내리는 밤 축축한 타임의 추억을 재생하는 저 비탈진 암벽 위의 따개비들

깜빡 깜빡이는 희미한 추억 속, 오늘도 쓸쓸한 웃음 날리며 제 인생의 대사를 주문처럼 달달 외는 영자들의 골목 비 오는 날의 판초우의같이 젖어 있는, 거기

지붕이 없는

상처는 힘이다

담양 추월산 올레길 용마루 오름에서
굴참나무 연리지를 보았다
비스듬히 엎드린 바위 사이로 키 큰 굴참나무와 상수리나무가
서로의 허리를 끌어안고 한 몸이 되어 있다

아우르고 싶은 저 마음의 속살들이
얼마나 간절하였으면 흘러내리는 비탈에 안간힘으로 바투 서서
몸 비벼 서로의 아픈 상처를 보듬은 것일까

몸이 몸을 건너가는 발소리
마음이 마음을 두드리는 심장 소리
뜨거운 들숨과 날숨소리
울음소리 다 내어주고 싶은 고픔의 말들이
도란도란 등을 도닥이며
한 뿌리 옹이가 되어 가슴에 박혀 있다

제 몸을 허물어 비워낸 후에야
비로소 하나가 되듯
상처도 한 몸이 되면 저렇게 편안해지는 것을

그믐밤

등짐을 메고 타관에 간 아버지가 밤이 늦도록 돌아오지 않네 칠흑 같은 밤 앞마당엔 싸락눈처럼 새하얀 별빛이 깔리고 문 닫힌 동네 약국 지붕 위론 튀밥 같은 별들이 한가득 총총한데, 아버지 지금 어느 별자리 시장 난전에서 호호 찬 손을 비비며 봇짐을 푸실는지 USA—아미 헬로우 미스터, 사지쓰봉을 파는 울 아버지, 미제 시레이션 깡통 통조림과 지프라이타 시가 맥아더 파이프를 파는 아버지 비스켓 추잉껌 배고픈 누이들과 병든 어머니를 파는 아버지여, 사카린처럼 풀어진 침침한 눈으로 어디쯤에서 혼자 아물아물거리시나요 안드로메다 멀리 간 은하수 저편이 너무 높아서 멀미를 하시는지 아버지여, 그러나 부디 집으로 오는 길을 잃지는 마셔요 어떤 별들은 어둠이 무서워 강을 건너지 못하고 공중에서 그만 몸을 던져버리기도 한다는데, 울 아버지 얼마나 무서웠을까 숲속 솔부엉이 같은 어린 새끼들 잠도 없이 칭얼대는 그믐밤, 입 벌리고 먹이를 기다리는 언덕배기 판잣집이 얼마나 캄캄하고 무서웠으면 사나흘이 지나도 오지 못하시나 아버지, 그러나 부디 우리를 잃지는 마셔요

제3부

나짜

네 마음 들키지 않으려거든 표정을 바꾸지 말라
이 바닥에선 대놓고 네 인생의 피딱지를 흔들지 마라
그러나 나를 훔쳐야 하는 너는 선수
피박을 쓰고도 나를 싹쓸이할 수 있다지

고슴도치처럼 온몸에 시퍼렇게 가시를 세우고 우리는 서로의 가슴을 찌르고 부비면서도 사알살 애무하듯, 사랑을 시늉하며 살아가지 그 가증할 사랑의 위선이라지, 기실은 말 못하는 멍투성이 아픔을 참으며 아무렇지 않은 양, 시퍼런 살의를 숨기며 살지 서로가 서로의 중심을 무너뜨리려 쉽게 패를 보여주지 않는 화투판같이 울퉁불퉁 속이고 속는 세상 언제 우리 사이에 금도라는 게 있었나 신사도라는 것이 있기는 했나 돌고 도는 세상에서 끗발 없는 네가, 족보도 없는 네가 끝내 독박을 면하려거든 부지런히 똥파리 손을 닮아라 아예 나가리 되지 않으려거든 네 속패를 들키지 않도록 그림자를 바꾸시라

오후 다섯 시 십 분

생사가 달린 절체절명의 순간과 맞닥뜨릴 때 당신은 어떤가,

무슨 패를 쓸 수 있겠나

약육강식과 적자생존의 원리가 도저한 공포로부터 사바나나 세렝게티식의 생존독법을 터득했다면 이 정글 도시에서 당신은 골공(骨空)하는 도요새처럼 하늘로 솟구치거나 미어캣처럼 땅속으로 깊이 사라지거나 카멜레온처럼 색깔을 바꾸거나 더 멀리 더 오래 발목을 들키지 않도록 아예 꼬리를 자르고 빛의 속도로 내달려야 한다 그래야만 좀비처럼 살아 돌아올 수 있을 테니까

이 세계에서 당신은 숙명적으로 을(乙)이다

이 세계에서는 속도가 살아있는 모든 동물의 미래를 결정한다 먹느냐, 먹히느냐, 갑(甲)과 을(乙), 이 사슬의 체제는 매우 냉혹하고 비극적이다 러시안룰렛처럼 숨어 있는 공포로부터의 탈출은 처음부터 불가능하다 자기 안에 장전된 탄환이 부지불식간에 자신의 머리를 관통하듯 속도를 내려놓는 그

순간, 악어 떼에게 목덜미를 내어준 누처럼, 한 무리 사자 떼에게 해체되는 버펄로처럼 맥없이 침몰하고 말 것이니 그 거대한 힘, 수천 킬로미터의 영역이 한순간의 헛발질로 무너져버릴 때의 그 참혹한 파노라마를 뜨거운 숨 거칠게 몰아쉬며 이미 풀어져버린 자신의 눈동자로 잠깐 동안, 그리고 희미한 기억처럼, 오래된 필름처럼 목도하게 될 것이니

너무나도 극명한 사실에 오후 다섯 시 십 분은 온몸의 피가 자꾸 거꾸로 돈다

세월 서첩

아무리 구부리려 해도 휘어지지 않는,

세월은 우회하지 않는다

무한천공에 쏘아올린 수억 광년의 화살

자욱한 은비늘 더미

시간의 흉터들

옹알이

한 아이가 굴렁쇠를 굴리고 있네
푸른 들판이 일렁이며 일어서는 소리
자분자분 은하수를 건너오는 발소리 들리네
양떼구름 숲에서 둥둥 맨몸으로 뒹구는,
오색 비눗방울처럼 저 형형한 말 한 움큼
맑은 물이 솟는 샘 같았지
마룻바닥을 구르는 유리구슬 같았지
강변에 반짝이는 금모래 빛 같았지
저 똘망똘망한 눈 속에서
순록의 잎이 나고 다디단 열매가 자라네
초저녁 샛별이 뜨네
한 우주가 첫 문을 여는 소리
만월의 그림책을 펼쳐 들고 한 아이가
히죽히죽 달나라를 가고 있네

바람의 소풍 길

인생은 재생되지 않는다는 걸
풍매화 쓸쓸한 눈빛으로 읽고 갈 때
울컥 제 삶을 다 쏟아놓고 진저리치는
동백, 에둘러 가는
저이는 언제 다시 올 수 있을까

어떤 생이라도 기꺼이 복사할 수 있다면
융숭 깊은 이 봄날의 온기를 끓여
장을 담겠네

이번 생에 불려나온 햇나비처럼
가벼이 발뒤꿈치를 들고 길 떠나는
그대여,
어느 시절은 무릉도원 덜큰한 도화 아래
뒹굴다 가고
어느 날은 건널 수 없는 진창의 에움길을 돌고 돌아왔으니
개털 같은 유랑의 날들

한 줌 시래기같이 부서지던 헛헛한 사랑아,

이제 바람이 잔 저녁,
빈손으로 떠나는 황혼역에서 차표를 사고
막차를 기다리는 사람들처럼
들국같이 쓸쓸한 마음을 흔들며 그대
다녀간 세상의 길들을 헤아려 보네

구슬치기

어린 날
흙 마당을 뒹굴며 사는 법을 배웠지
알록달록한 세상을 대거리하며
온몸으로 너에게 맞서는 법을 배웠어
사방에는 적의로 가득 찬 눈빛들
그때 나는 용감한 전사였다네

싸움은 항상 막다른 길에서 그치지만
밀리면 끝장이라는 절박함으로
둥근 힘을 바투며
불꽃 튀는 심장의 칼날을 세워
주저 없이, 네게로 가는 법을 배웠으니
단호한 전진만이 투명한 생을
관통하는 것이라 믿었어

그러나, 기꺼이 나를 깨뜨려야만
너를 건널 수 있다는 깨달음은
차라리 아름다운 자해

세상은 결코
상처 없이는 존재할 수 없다는 걸
내 오래 아픈 후에야 알았으니

길 위에서의 단상

늘 한발 늦게 깨닫는 일은
버리는 것이 곧 얻는 것임을 아는 것
세상에서 곧은 길 하나 얻는다는 것이
어디 그리 쉬운 일인가
그제도록 나는 내 길을 잃고
생의 갓길을 헤매었다네
물소리, 바람 소리, 사나운 짐승들의
거친 숨소리를 들으며
한 치 앞도 어림할 수 없는 어둠의 숲에서
앞 못 보는 소경이 되어 향방 없이 떠돌았으니,
길 위에서 길을 잃고
나아갈 수도 돌아갈 수도 없는 벼랑 끝에 서면
애면글면 퇴화된 마음의 더듬이가
몸보다 먼저 길을 낸다네
그때마다 불쑥불쑥 나타나는 수많은
갈림길들, 어디로 가야 하나

내 몸 안에 근심된 세상의 길들이

그토록 많았다는 것을
길 잃은 후에야 이내 알았으니,
많이 가졌다는 것도 결핍이라는 것을
다 버린 후에야 비로소 깨달았었네

한식

방생한 고기 떼가 제 집을 찾아 돌아오는
사월의 물빛 시린 한낮은
차고 다순 바람에 꾸덕하게 마른
황태덕장의 새참 때 같아, 구푸하니
시골집 마당가 오래 묵은 층층나무 가지
부르튼 살이 붉다

너른 바다 깊은 물속에서 둥싯 떠오른 섬같이
외따론 무덤들이 하나 둘 마중발로 나와
봄볕을 뒤집어쓰고 앉아
산 사람을 기다리는 어귀마다
그리움에 목이 메인 자리가 싯푸르다

지난겨울 눈보라 속에서 맨발로
황급히 떠난 길들이 제 신발을 고쳐 신고 돌아와
짓무른 눈으로 서로의 안부를 묻는
마을 돌샘가
어린 나무들이 제 안에 꾹, 꾹

눌러쓴 초록 잎 편지를 펼쳐 읽는 햇살 아래
형형한 꽃 비늘을 빗질하는
바람의 손이 따습다

늪을 건너는 법

건너갈까, 돌아서 갈까,
이쯤에서 나는 왜 깊어지는 걸까

물 고인 웅덩이 앞에서
작은 보폭을 어림하며 조바심하는데 간당간당,
젖어 있는 내 생각의 징검돌을 밟고 물낯을 쓸며
소금쟁이 하나가 물 위를 걷는다
스케이트 날처럼 날쌔게 제 몸을 밀어 올리는
저 투명한 지느러미의 힘

물을 건넌다는 것은
나를 비워내는 일이어서
내 안에 메인 온갖 짐들을 내려놓아야 하는 일인데
바짝 엎드려 물 위를 배밀이하는
가랑잎 배처럼, 가볍게
제 몸의 푸른 혈기를 다 버려야 하는 일인데

내가 길을 망설이는 동안

가던 길을 멈추고 참선하듯
아득한 깊이를 집중하던 소금쟁이가 불현듯
내 안에 든 무거운 바윗돌을 들어 찬찬히
허공에 부려놓고 있다

꽃의 독백

안개 속에 갇혀버린 길 위에 서면, 잠시
왜 그런 생각을 하지 않겠어요
서로가 낯선 얼굴로 무심히 지나치는
도시의 빠른 풍경 속에서 생기 없는 사람들의 돌같이 굳은 표정과 한 사나흘 치 약봉지같이 근심 어린 창백한 얼굴빛과, 내일을 믿지 않는 의심 많은 귀와 헛된 약속의 말들이 비누거품처럼
부풀 때, 제 마음인들 왜 먹먹하지 않겠어요
이쁘게 살아도 짧은,
하룻길이 백날처럼 멀다고 느껴진다면
제 마음은 어떻겠어요
오늘을 끝날같이 온몸으로 살다 가는
제 마음은 어떻겠어요

안개에 갇힌 듯 서로가 무심히 흘러 지나쳐 가는 풍경 속에서 삶이 먹먹하여 낙심될 때에는
이제 막 잎눈 뜨는 들국의 설렘처럼 두근두근 먼저 다가서세요

벽에 걸린 그림을 바꾸듯 오래된 꽃병의 물을 갈아주듯
일렁이는 초록의 눈빛으로
오래도록 마주하는 향기가 되어
삼백예순날을 하루같이,
서로를 꽃처럼 다녀가세요

그리움

누군가 내 안에 와서 길게 울다 가네
나는 그것이 그리움인 줄 알았네
찔레꽃 붉은 첫 열매인 줄 알았네
푸른 하늘가를 맴도는 고추잠자리 여린 날갯짓처럼,
장대를 들고 해종일 닿지 않는 황금나무 가지를 두드리며
종종걸음으로 발돋움하던 어린 종다리
순한 마음인 줄 알았네
물수제비뜨듯 속마음을 들킬까 조마조마하며
수면에 비를 긋고 지나는 구름인 줄 알았네
나는 그것이 그리움인 줄만 알았네
어느 날 내게 되돌아온 수취 불명의 편지처럼
한 백 년 전 너에게 꾹꾹 눌러쓴 손편지처럼
갔다가 다시 오는 무심한 바람인 줄 알았네
바람에 데불려 온 쪽배처럼 가닿고 싶은
애달픈 마음을 밀고 가는 푸른 물결처럼
흔들리며 내게 와서 울다 가는, 그것이
그리움인 줄만 알았네

기차역에서

나비처럼 가벼이 너는 가고
나는 빈 들처럼 남는다
남는다는 것은 또다시
이별을 견디어야 하는 기다림의 시작
새를 날려 보내고 홀로 선 나무처럼
푸르른 마음이 얻은 외로움의 열병이다
너에게 더 가까이 가기 위해
너를 멀리 떠나보내듯 인생이란
만남을 위해 늘 준비된 이별과 같아
너 떠난 자리 오래 서성이며
떠나고 남는 일이 병처럼 깊어질 때
서늘한 한 생애가 꽃처럼 다녀간
꿈결 같아서
너를 기다리는 일은, 다시
도지는 내 그리움의 마디마디가
바람에 흔들리며 피고 지는 꽃같이
한 시절을 눈물로 그렁그렁 늙어가는 것이다

봄밤

곡기를 끊고 단식이라도 하듯

겨우내 두문불출하던 식구들이 갑자기 주막집 강아지마냥 하릴없이 분주해졌다

우수 지나 경칩에 풀어놓은 염소처럼 뽀얗게 젖살이 오른 버들개지 풀어진 눈매로 기지개를 켜고 제 몸속 어두운 헛간에 쟁여놓은 불씨 한 줌 손에 들고 툇마루까지 나온 찔레넝쿨이 온몸에 검푸른 가시 문신을 하고 타짜들처럼 반가운 얼굴로 빙 둘러 모여 패를 돌리고 있다

둥근 밥상을 앉히고 모처럼 앉은뱅이 무릎을 세워 고두밥을 먹는 산골 푸릇푸릇한

저녁의 모서리가 둥글다

삼십 촉 흐린 알전구같이 때꾼한 눈으로 자울어진 달이 철이른 이팝나무 망울 진 가지 위에 턱을 괴고 앉아 아물아물 강 건너 오던 지난봄 생각에 한참이나 깊어지는데 어디쯤에 왔나, 개구리 떼 목청 트는 소리 골물을 흔들고 애기풀, 산수유나무, 각시붓꽃, 초록 씨눈들의 형형한 잉걸들, 숟가락 부딪치는 소리 자글자글한 산골

갓 구워낸 흙의 따뜻한 알들이 씨감자 배꼽같이 노릇노릇 둥글어지는 봄밤 잠이 없는 굴피집 지붕 위로 나이 어린 별들이 날아와 까치발을 딛고 반짝이는 귀를 세워 먼 산마을을 엿듣고 있다

떠도는 섬

안개가 끼거나 바람이 부는 날 철썩거리며
물결이 나를 물 밖으로 밀어내려 할 때,
그곳에 가고 싶다
큰 가시연꽃같이 침묵으로 욱신거리는 마음과 마음 사이로 서걱이는 물풀처럼 푸른 귀를 씻으며 그리운 그 섬에 가고 싶다
몇 개는 흘러가고 또 그중 몇 개는 토라져 등을 지고 어떤 마음은 갈앉아 잊히기도 하고 남은 얼굴들은 아득한 수평선 위로 낮달처럼 떠오르기도 하지만

멀리 와서 보네, 벙어리 같은 섬들

한때 섬은 섬을 꿈꾸고 섬을 만나고 섬을 이야기하며 섬과 살았던 적이 있었다 그때,
살 냄새 붐비는 처마 밑에 등불을 걸고 오순도순 모여 단술을 빚고 떡을 나누었던 그 따뜻한 저녁의 눈빛들은 다 어디로 흘러가고 지금 나는 그 섬에 닿지 못하나

정처 없이 떠도는 구름처럼 마음 둘 곳 없어 닻을 내리지 못하고……

안개가 끼거나 바람이 부는 날 철썩거리며 물결이 나를 물 밖으로 밀어내려 할 때, 다시 도지는 그리움으로 나는 그 섬에 가고 싶다

안과 밖

오늘 아침 출근길에 한 사람이 세상 뜨는 것을 보았습니다

난(蘭)을 치듯 밤새 긋던 비 그치고 구름 끼인 흐린 하늘 아래서였습니다

살아서는 입어보지 못했을, 가벼운 날개옷을 입고 한 사람이 근엄한 왕의 행차처럼 리무진 꽃가마를 타고 조용히 세상 밖으로 가고 있었습니다

근위병 같은 한 무리의 호위를 받으며 두루두루 호사를 누리면서 먼 길을 가는 것이었습니다

나는 마음속으로 그에게 거수경례를 하고 싶었습니다

생전에 두 눈 크게 뜨고 조마조마하며 바삐 건넜을 세상 길인데 오늘은 아무 시름도 없이 천천히, 아주 느리게 건너가는 것이었습니다

세상도 그의 무단횡단을 너그럽게 눈감아 주는 듯했습니다

왜 죽음의 표정은 끝끝내 고요하고 숙연한지, 비탄의 마음이 황망해지면 차들은 그예 급히,

그리고 길게 불을 켜는지,

사거리를 건너 분수대 광장 돌아서 벚꽃 핀 삼십 리 길을 깜

빡깜빡 고요히 흘러갔습니다 사람들은 그의 앞길을 한 마디 불평 없이 잘 열어주었습니다

나는 내 가던 길을 내처 걸어갔습니다
돼지머리를 삶는 본전통 먹자골목 지나 무두장이 구둣방 모퉁이 돌아 아슬아슬,
내가 가는 곳은 아직은 세상 한 뼘 안쪽 길인 듯싶고, 그 사람은 흙내 그득한 망월동 하늘가로 깊은 산골짝 세상 밖을 미끄러지듯 찬찬히, 구름처럼 흘러갔습니다

떠나고 머무는 일이 홀연하여서 어슷어슷
안과 밖이 덧보이는 봄날 아침이었습니다

환생(幻生)

나 어릴 적 죽은 병아리를 산에 묻고 와 한동안
말 못하는 병을 얻었네 그 산에 눈보라 치고,
잠이 없는 몇 날 먹구름 속에서 비탈을 구르던
천둥의 깨진 무르팍을 보았네 머언 나라처럼,
어느 날은 정처 없는 빈 마음의 벌판이 차고 아득하더니
이듬해 봄 햇살 출렁이는 산울타리
그미의 무덤가에 노오란 개나리꽃이 오종종 피어 있었네

사이

봄과 가을 사이 샛강에 나뭇잎 배를 띄우네
제 가는 길을 아는지 모르는지
붉고 푸른 마음이 시름없이 사이를
흘러가네
봄과 가을 사이에서 목숨을 살고 오는 일은 참 꿈만 같은 일

어제와 내일 사이, 첫째 줄과 둘째 줄 사이, 그 행간에 앉아 첫눈 뜨는 풀씨처럼 연한
목숨들을 어루만지는 빗소리, 바람 소리 들을 때 눈물 나는 말, 사이
꽃이 피고 꽃 지는 사이, 눈을 뜨고 눈 감는 사이
당신과 내가 마주하여 초저녁별을 바라보는 이 시간, 한 우주가 반짝이며 숨을 쉬는 사이, 꽃나무에 새순이 돋듯 한 아이가 태어나는 사이

안개

타로점을 치는 초로의 여자는 나를 기억하고 있었네

그때 내게 보여주었던 황도12궁 물병자리를 내 등 뒤로 가만히 옮겨놓으며 두 팔을 벌려
가슴으로 나를 꼬옥 끌어안았네 나는 포로처럼 유순하게, 그러나 그때처럼 망설임 없이 온몸으로 들어가 부드러운 그녀를 더듬었네
길게 흘러내린 목덜미와 물빛 꽃잎처럼 마알간 귓불에 더운 숨을 불며 나는 여자의 느린 허리를 몽환(夢幻)처럼 건너갔네
손길이 닿는 곳마다 가볍게 열리는 시공(時空), 잠시 후 그녀가 스르르 팔을 풀고 뜨거워진 나를 가만히 내려놓았네
아직 기한이 남은 내 운명의 패를 슬그머니 바꾸어놓는 여자, 멀리 옮겨간 북쪽이 음지여서 나는 눈을 감고 무릎을 감싸고 자꾸 기침을 하네
그때, 갈아탈 말 등에 안장을 올리며 여자는 내게 가야 할 시간을 일러주었지만 나는 먼저 그녀의 길이 궁금하여서 여자의 전생을 들여다보고 있었네

어디서 까막까치 날아오르는 소리가 들리고

갑자기 여자가 두꺼운 옷을 하나씩 벗기 시작했네 마지막 하얀 속옷을 다 벗고 마알갛게 누울 때까지 나는 말안장에 손을 얹고 무너지는 그녀의 우윳빛 육체를 물끄러미 바라보고 있었네

자욱하던 눈앞이 맑아지고, 꿈을 꾸기 시작한 건 그 후 일이었으니,

내가 본 것은 미궁(迷宮)이었네

절망의 노래

어떤 예감은 바람같이 온다
비같이 축축하게 젖어서 온다

젖은 날개를 파닥이며
어린 새여,
잃어버린 둥지를 찾아 헤매는
기울어진 사랑이여,
내가 너를 떠나올 때
내 안에 거센 풍랑이 일고
항구 잃은 배처럼 나는 아무렇게나 흘러갔으니
어느 때랴 늦은 밤 낯선 누항의
불 꺼진 선창가를 비틀거리며 지나는 취객처럼
바람은 제 노래로 취해 휘청이고
문 닫힌 상점들의 낡은 깃발들은
허공에 무람히 흔들리는데, 비탄이여
두드려도 열리지 않는 사랑이여

그 밤에 닿을 때까지 마음 둘 곳 없는

나의 전생(全生)을 다 적시고 가버린
슬픈 비의 노래여

자귀나무 뜰

—80年代 風

1

황궁나이트클럽 뒷문으로 비져나온 오색 조명들이 삐뚤빼뚤 주사체(酒邪體)로 음(淫)을 받아쓰고 있다 필획이 대담하여서 종횡으로 쌍(雙)것들은 바닥에 누워 쓰고 어떤 놈은 물컹한 가슴으로 밀어 눌러쓰고 몇 년(姩)은 갈之자 흘림체로 발가벗겨 쓰고 몇 개(犬)는 뒷길 보석사우나 모퉁이로 가 속삭속삭 오체투지로, 어찌어찌한 것들은 자귀나무 등에 올라타 겅중겅중 짐승처럼 일필휘지로 갈겨쓰고,

문을 닫는 서울전파사 아저씨 성가시게도 아직, 삼각지 로터리에 궂은 비는 내리는데…… 어쩌구,

이제 막 몸 피운 자귀

분홍머리 처녀가 입덧을 하네, 차암

2

말갛게 씻은 유리방, 정육점처럼 발긋한 집, 유리벽 안을 나비같이 팔랑거리며 드나드는 선수들

—자기야, 놀다 가, 삼마넌,

아흐! 저 울렁증
건들바람에 툭, 치면 터져버릴 것 같은 봄밤의
뽀오얀 젖살 물오른 버들개지 눈처럼
겨우내 뜬눈으로 물배를 채운 난장의 자귀들

—자기야, 삼마너언

햐! 저건 어떤 살코기의 꿈
마늘종같이 푸릇한, 아니면
오렌지 속같이 촉촉한 희망의 실언(囈言)인가

무단횡단 하는 바람의 전언에 몽우리 진
분홍머리 자귀가 자꾸 젖앓이를 하네

3
삼마넌이면 백사(白蛇) 같은 자기 몸 아끼지 않고

꺾어 푸욱 푹 고아 더운 피 한 사발 내 먹일
짐승들이 있단 말간, 자귀

마라,
저 애절한 성전 뜰 밟는 짐승들아,
삼마넌들아, 그래도 자기

낭심의 눈 곧추세워
엄숙한 파정(破精) 앞에 서거든
젊은 날의 애인 같은, 곱게 늙은
내 누님 같은, 옛적 네 어린 누이 같은, 그
고조곤한 꽃그늘 깊은 곳에서 파랑 치는
자귀, 슬픈 눈물매를 보시기나 할는지

해설

기울어진 사랑의 노래

우대식 시인

이철수의 시집 『무서운 밥』을 펴들고 며칠을 보내며 머릿속에 맴도는 관념은 사랑과 희망이었다. 사랑과 희망에 대한 메시지를 지고지순하게 밀고 가는 살아있는 정신을 마주하고 자세를 고쳐 잡기도 하였다. 치열한 시적 고행 혹은 시적 순례를 볼 때마다 시란 무엇인가를 생각하지 않을 수 없다. 시적 독해력이나 세계에 대한 이해가 부족한 탓인지는 몰라도 시적 연원과 종교적 연원이 유사한 지점에서 발원된다는 생각을 접을 수 없다. 불을 든 배화교도처럼 시라는 등불에 온통 생각을 빼앗기고, 더러 현실적인 가치마저도 시와 교환하겠다고 서슴없이 나서는 시인이라는 존재들은 과연 축복을 받은 것인가 아니면 어떤 형벌의 한가운데 서 있는 것인가 도대체 알 길이 없다. 시 밖에서 본다면 엄살도 이런 엄살이 없을 것이나 분명한 것은 세계의 보편적 질서와는 아주 다른 사유의 행로를 시인이 보여준다는 것은 의심의 여지가 없다. 이철수의 시를 읽으며 이러한 생각을 다시 확인하게 되었다. 시집 가장 앞에 실린 「시인의 말」은 세계를 읽어내려는 몸부림을 여실히 보여준다.

어눌하게 말을 바꾸는 구름
응어리진 그의 생각을 읽는 동안
잘못 번역된 내 몸이 아팠다

"구름"이라는 사유 체계와 몸의 부조화는 어쩌면 세계에 던져진 존재들에게는 필연의 운명인지도 모른다. 그러나 그 부조화의 운명을 직시하고 대결하고자 사유의 전장 터로 나가는 자가 곧 시인이라는 사실을 이 글은 겸손하게 밝히고 있다. 그 상처의 흔적이 "말을 바꾸는 구름"이며 "잘못 번역된 내 몸"일 터이다. 이 부조화를 넘어 진실에 이르고자 하는 몸부림이 이철수가 도달하고자 하는 시이며 시적 진실이라 할 수 있다.

세상에 와서 갚아야 할 빚이 너무 많아 나는 오늘도 무거운 내 짐을 생각하노니, 당신에게서 꾸어온 말씀의 자루

를 메고 배내옷 같은, 젖동냥 같은 쿰쿰한 허기를 지긋이
타이르며 예까지 걸어왔으니, 나를 기른 가난한 어머니의
눈물이거나 다 닳아서 만져지지 않는 먹먹한 슬픔의 실금
이거나, 나는 격랑이었으니 바람에 흔들리며 온 쪽배였으
니 스스로 침몰하지 않고는 건널 수 없는 빛과 어둠의 위
태위태한 경계에서 나는 그림자 없는, 한낱 작은 이파리였
으니

—「내 영혼의 짐」 전문

이 고백적 성격을 지닌 시는 자신의 생애를 모두 담고 있다. 그것은 전기적 생애와는 결이 다르다. "당신에게서 꾸어온 말씀의 자루"가 이번 생애에서 그가 갚아야 할 빚이다. 말씀의 자루가 영혼의 빚이라는 사실은 의미심장하다. "말씀의 빚"을 갚는 방법은 말씀뿐이 없는 까닭에 영혼의 허기를 타이르며 밝은 눈으로 세계를 바라보며 말씀을 깁고 있다. 이 시적 발언에는 각성된 자아의 예지가 담겨 있다. "스스로 침몰하지 않고는 건널 수 없는 빛과 어둠의 위태위태한 경계"에 선 미물로 인식되어진 자아에는 다분히 종교적 영성이 함유되어 있다. 말씀의 연원이 "어머니의 눈물"이거나 "슬픔의 실금"이라는 사실은 그의 시적 기원을 추측케 해준다. 사실 이러한 많은 경우 시가 대체적으로 허무주의로 흐를 가능성이 농후하다. 그럼에도 불구하고 이철수의 시가 긴장감을 놓치지 않고

대결의 양상을 띠는 것은 그가 감당해온 윤리적 감각 때문일 것이다. “국가도, 종교도, 신념도, 우리의 사랑도 저 혹독한 빈 볼처럼 자본으로 치환되는 광장”(「광장」)으로 상징되는 타락한 시대성에 맞서고자 하는 윤리적 감각이 오롯이 자리 잡고 있다는 점은 매우 인상적이다. 그 핵심에 시가 놓여 있다. 시 형상화 과정에서 더러 과도하게 밀집된 듯싶은 의미나 이미지의 중첩도 여기에서 기인한다. 영혼의 빚을 갚기 위해 말씀을 깁는 시인의 초상을 그의 시는 선명하게 보여준다.

> 얼기설기가 가네 잔뜩 먼지를 뒤집어쓴 만수산 드렁칡이 상투를 틀고 가네 비비꼬며 북 치고 나발 불며 설설 기어서 가네 곡비처럼 우우거리며 건들건들 제 홍에 업혀서 태평천하를 건너가네 대쪽도 심지도 없는 도돌이들이 봄날 능수버들로 휘휘 늘어져 이러구러 몽그작거리며 가네 서로 소통되지 않는 모국어로 가도 가지는 못하는 입술들, 봄볕에 세상구경 나온 하릅강아지들마냥 왔다 갔다 쉬었다 가다로 박자도 벌고 음정도 재끼고 잔뜩 기미 낀 그늘 한 종재기 어쩌다 볕발까지 와서 잘박잘박 몸을 잠그네
>
> 아아, 그러나 어떡하죠 줄기가 되지 못하고 뿌리 없이 부랑하는 소리의 저 어설픈 곁가지들, 찧고 까부는, 저것은

대체 음(鸝)인가요 악(惡)인가요

—「불화(不和)—소리의 소품」 전문

판소리로 하자면 진양조로 가도 좋겠고 휘모리로 가도 좋겠다는 생각이 들게 만드는 시편이다. 내포적 언어 구성으로 인해 명확한 의미망을 찾아내기란 쉽지 않다. 제목으로 보건대 소리와 관련이 있을 것으로 추측되고 나아가 불화의 심리 상태를 이미지의 중첩을 통해 드러낸 시로 보인다. 그런데 심상치 않은 시적 발언들을 연이어 엮고 휘어 들어가는 솜씨가 앞서 말한 바대로 만만치 않은 판소리의 형상을 하고 있다. "얼기설기가 가네"라는 첫 발화부터가 심상치 않다. 사물의 상태를 나타내는 부사 혹은 형용사가 엄연한 생명체의 양식으로 드러났을 때의 낯설음이 연이은 어휘를 따라가며 읽다 보면 너무 잘 맞아떨어진다는 생각에 이르게 된다. "태평천하를 건너"간다는 발상도 마찬가지이며, 시대적 현실에 대한 풍자의 의미로도 생각해볼 수 있다. 어쩌면 이 시의 핵심은 "소통되지 않는 모국어"라고도 볼 수 있겠다. 이철수의 시 쓰기는 불통을 넘어서기 위한 몸부림일 수 있다. 그가 오래된 혹은 잃어버렸을 법한 사물이나 현상을 불러 모으는 것도 궁극적으로 소통하고 싶은 욕망에 기초한 것인지도 모른다. 김수영이나 김지하의 시를 떠올리게 하는 한 편의 시에서 모국어에 대한 또 다른 희망과 새로운 모더니티를 느끼게 된다.

3부로 나누어진 이 시집의 2부는 가족사가 주를 이루고 있다. 어머니, 아버지, 누이로 연결되는 가족사는 한국 현대사가 통과해온 변방의 가난과 맥락을 같이하고 있다. “점례”로 지칭되는 누이는 죽음의 형상으로 그려져 있다. “마른장마 끝 붉은 목단꽃이/목을 꺾던 흙담길 돌아/꽃상여 지나던 유월의 달뫼등”(「점례 1」)에서 보듯 열일곱 겁 많던 누이는 세상을 져버렸다. 점례는 “다시는 돌아오지 않는/곤곤한 나의 봄”(「점례 2」)으로 화자의 기억 속에 늘 쓰라린 형상으로 자리하고 있다. 어쩌면 아버지나 어머니의 불우함이 더욱 풀무질되는 지점도 이 언저리라고 볼 수 있다. 그 점례를 화자는 “그을음 끼인 정지 구석에서 치대다 만 밀반죽”(「점례 2」)이라고 비유하고 있다. 생명의 물기를 잃은 채 어두운 부엌 구석에서 말라가는 밀반죽은 세상을 놓아버린 어린 누이에 대한 안타까운 심정을 잘 반영하고 있다.

어머니에 관한 기억은 애잔하고도 가녀린 연민으로 남아 있다. 모성의 핍진한 사랑은 죽음을 넘어서도 작동하고 있음을 아래 시는 보여준다.

어머니가 먼 길을 다녀가셨다
백설기 좋아하는 자식을 위해 밤새 빚으신 흰떡을 시루째 머리에 이고 와서
마당가 장독대 위에 살포시 내려놓고 가셨다

—「첫눈」 전문

짧고 아름다운 이 한 편의 시는 어떤 직접적 언술보다 더 많은 감동을 전해준다. 흰 눈, 백설기, 어머니로 이어지는 상상력은 심각한 의미의 배열은 아니지만 무한한 위로를 던져주는 것이다. 밤새 내리는 눈이 어머니가 저 세상에서 보내신 백설기라는 아름다운 상상력은 어느 겨울밤 우리의 마음을 다독이며 속삭인다. 세상살이란 힘겹기도 하지만 하얀 백설기를 먹고 다시 한 번 힘을 내고 살아보라고.

반면 아버지에 대한 기억은 말 그대로 인고의 삶을 살아온 내력을 포함하고 있다. "입 벌리고 먹이를 기다리는 언덕배기 판잣집"(「그믐밤」)의 식솔들을 위해 밤을 도와 봇짐장사를 다니시던 위태로운 아버지에 대한 추억은 쓰리고 아픈 것이다.

늙은 아버지가 젊은 아들과 마주앉아
밥을 먹는다
밥을 먹는다는 것은 거룩한 일
밥을 먹는다는 것은 행복한 모험
얼얼하게 휘어진 생의 등뼈를 곧게 펴는 일
지는 해를 끌어다 허리춤에 묶고 내일 아침 다시
동편 산봉우리 위로 불끈 밀어 올리는 거대한 힘

뉘엿뉘엿 석양마루 끝에 앉아 여지껏
밥을 먹는 구순(九旬)의 아버지여,
찬 구들에 불 들어가듯 아버지 몸 안으로 뜨신 밥이 드신다
아들이 아버지의 수저에 아직 상하지 않은 해의 싱싱한 속살을 발라
한 점 한 점 꽃잎처럼 얹어드린다
버짐꽃 핀 구순(九旬)의 아버지가 수저 쥔 손을 바르라니 떠신다
아버지, 밥이 흔들려요 밥알이 어지러워요
흘린 밥알들이 무릎 위로 쿵하고 주저앉는다
무릎뼈가 삐걱하고 꺾이는 소리,
저 천근(天斤)의 무게를 저울질하는 아버지여,

요단강을 건너는 듯 멀고 고단한 밥의 행렬
평생 밥의 신전을 떠나지 못하고 그 지존의 문을 지키셨던 아버지가
이제 밥의 입구에서 일생의 입질을 회개하시는지
덜덜덜덜 손을 떠신다 삐질삐질 땀 흘리신다

밥상이 온통 노을빛이다

—「무서운 밥」 전문

위 시는 이 시집의 표제시이다. 이철수는 다양한 사유의 모험을 감행한다. 종교·철학·역사·생활 등 다양한 측면에서 시의 오브제를 가져오기도 하고 고뇌에 찬 시적 모험을 힘차게 보여준다. 시집 전체를 보며 그가 지향하는 사상 혹은 사유의 총화는 바로 '밥'이라는 생각을 지울 수 없다. '밥'이라는 존재와 '밥을 먹는다'는 행위 사이의 거리가 바로 삶의 다른 이름인 까닭이다. 밥 앞에 한없이 공손해지는 것은 삶의 비굴이 아니라 삶의 원형이기 때문이다. "밥"을 먹는다는 행위는 "거룩한 일"이고 "행복한 모험"이라고 이 시는 말하고 있다. 어쩌면 세상의 모든 혁명도 이 한 그릇의 "밥"에서 비롯되었다고 해도 틀린 말이 아닐 것이다. "얼얼하게 휘어진 생의 등뼈를 곧게 펴는 일"이 밥을 먹는 일이라면 밥이야말로 생의 근원이며 동시에 정수라 하지 않을 수 없다. 더욱이 구순의 아버지가 밥을 먹는 장면은 연민과 장엄함이 함께 깃들어 있다. "천근(天斤)" 같은 밥알의 무게를 저울질하는 힘은 아이러니하게 숟가락을 겨우 들 수밖에 없는 인생의 막바지에 들어선 자들의 연륜에서 비롯된다. "평생 밥의 신전을 떠나지" 못하고 밥을 숭배하다가 손을 덜덜 떨고 땀을 삐질삐질 흘리며 밥을 받드는 아버지의 모습은 아름답고도 쓸쓸하다. 밥이 무서운 이유는 다른 시에도 또 있다.

썩은 관 뚜껑을 열자

곱사등이처럼 잔뜩 웅크리고 누워 있는
그녀 손에 수저 한 벌이 들려 있었다
부지깽이같이 마른 손, 꼬옥
감싸 쥔 오른손을 펴 수저를 떼어내자
흰 뼈들이 우우우우 일제히 일어났다
아직도 물리지 않은
밥,
한,
상,

—「껴묻거리—옥이 엄마」 전문

껴묻거리는 시신의 부장품을 가리킨다. 생전에 고인이 가장 아끼던 물건이나 더러 가장 소유하고 싶어 하던 것의 진품 혹은 유사한 가품을 시신의 부장품으로 쓰는 경우가 더러 있다. 시를 보면 옥이 엄마의 껴묻거리는 수저 한 벌이었던 모양이다. 세월이 지나 이러저러한 이유로 파묘하게 되었을 때 발견된 "부지깽이같이 마른 손"에 쥐어진 수저 한 벌은 옥이 엄마의 일생을 대변해준다. 가장 소중한 그것이 수저였다는 것은 읽는 이의 마음을 먹먹하게 만든다. 수저를 떼어내자 흰 뼈들이 일제히 일어섰다는 표현은 수저에서 촉발된 화자의 상상력이다. 죽어서도 물리지 않은 "밥,/한,/상,"은 옥이 엄마의 지난했던 삶을 여실히 보여주는 동시에 삶의 커다란

원리로서의 밥의 의미를 새삼 되새기게 한다. 이철수에게 밥은 삶과 죽음을 가로질러 가장 소중한 것이며 연민의 상처를 동시에 보여주는 것이다.

이 시집의 3부는 서정적인 내용으로 구성되어 있다. 죽음에 대한 연민과 삶의 비애 그리고 그리움 등 서정을 바탕으로 하면서도 어느 한 순간의 번뜩이는 인생의 비의를 드러내려는 욕망으로 가득 차 있다. 생과 죽음을 비유한 「안과 밖」에서 "떠나고 머무는 일이 홀연"하다는 자각은 시간의 길이 혹은 세월이라는 시간의 단위를 한없이 풀었다가 다시 응축시키는 계기로 작용한다. "봄과 가을 사이에서 목숨을 살고 오는 일은 참 꿈만 같은 일"(「사이」)이라는 고백은 어쩌면 허무의 기운처럼 느껴지지만 그 사이에 풀씨는 첫눈을 뜨고 당신과 내가 초저녁별을 바라보고 한 아이가 태어난다고 그는 시에서 밝히고 있다. 삶과 죽음이 다르지 않다는 동양의 전통적인 사고가 경험을 통한 시학으로 자리 잡고 있음을 보게 된다.

> 나 어릴 적 죽은 병아리를 산에 묻고 와 한동안
> 말 못하는 병을 얻었네 그 산에 눈보라 치고,
> 잠이 없는 몇 날 먹구름 속에서 비탈을 구르던
> 천둥의 깨진 무르팍을 보았네 머언 나라처럼,
> 어느 날은 정처 없는 빈 마음의 벌판이 차고 아득하더니

이듬해 봄 햇살 출렁이는 산울타리
그미의 무덤가에 노오란 개나리꽃이 오종종 피어 있었
네

—「환생(幻生)」 전문

이 소박한 한 편의 시에서도 생명을 향한 안타까운 연민을 만나게 된다. “천둥의 깨진 무르팍”은 사소한 듯 보이는 생명체에 대해 한없는 무게감을 부여하고 있다. 이철수의 시에서 어떤 선입견 없이 신뢰를 보이는 대상은 자연과 생명 같은 것들이다. 죽은 병아리에서 개나리로의 환생은 가감 없는 생명에 대한 옹호 그것이다. 눈보라 치던 겨울이 가고 봄 햇살이 출렁이는 봄날 피어오른 개나리는 다만 병아리의 환생뿐만이 아니라 모든 생명의 귀환이라고 할 수 있다. “오종종” 핀 개나리는 어쩌면 이러구러 모여 사는 우리의 인생살이와 한 치의 차이도 없는 비유물인 것이다.

눈에 띤 또 하나의 의식은 ‘비움’이라는 자기 염결성에 대한 추구이다. 나를 깨트리거나 비워야만 다른 세계로 진입할 수 있다는 강렬한 의식은 가혹한 자기검열을 요구한다. “물을 건넌다는 것은/나를 비워내는 일”(「늪을 건너는 법」)이라는 사실을 “소금쟁이”를 통해 깨닫게 되는 것도 경험을 통한 지혜를 보여주는 것이다. “내 안에 든 무거운 바윗돌을 들어 찬찬히/허공에 부려놓”(「늪을 건너는 법」)는 행위는 자본주의의

울타리 속에 살아가는 자신을 포함한 소시민을 향한 반성의 메시지를 포함하고 있다. 그것은 보편적 세계 질서와는 거리가 먼 현자의 태도를 보여준다.

늘 한발 늦게 깨닫는 일은
버리는 것이 곧 얻는 것임을 아는 것
세상에서 곧은 길 하나 얻는다는 것이
어디 그리 쉬운 일인가
그제도록 나는 내 길을 잃고
생의 갓길을 헤매었다네
물소리, 바람 소리, 사나운 짐승들의
거친 숨소리를 들으며
한 치 앞도 어림할 수 없는 어둠의 숲에서
앞 못 보는 소경이 되어 향방 없이 떠돌았으니,
길 위에서 길을 잃고
나아갈 수도 돌아갈 수도 없는 벼랑 끝에 서면
애면글면 퇴화된 마음의 더듬이가
몸보다 먼저 길을 낸다네

—「길 위에서의 단상」 부분

아름다운 이 시는 삶의 진정성을 찾고자 하는 개체들의 쓸쓸한 고군분투를 여실히 보여준다. "곧은 길" 하나를 얻기 위해 “생의 갓길을 헤매었다”는 고백은 우리를 고독한 인간상으로 초대한다. “길 위에서 길을 잃고” 떠돌 수밖에 없는 화자의 형상은 기실 시인의 초상을 뜻하는 것이다. 현실을 살면서도 저 너머 어딘가에 시선을 맞추지 않을 수 없는 시인이란 존재는 어쩌면 “향방 없이 떠돌” 수밖에 없는 “소경”과 유사한 삶의 방식을 보여준다. “마음의 더듬이”로 짚어가는 길에서 끝내 현실에서는 닿지 못할 대상들에 대한 그리움이 시에 자주 등장하는 것도 같은 이유다. 시인에게 현실이란 떠나간 너를 그리며 “한 시절을 눈물로 그렁그렁 늙어가는 것”(「기차역」)이며, “누군가 내 안에 와서 길게 울다”(「그리움」) 갈 때 그리움을 느끼는 것이다. 그리움이 육화된 실체로 드러나지 않는 것은 시인의 시선이 현실에 있지 않음을 보여주는 것이며, “앞 못 보는 소경이 되어 향방 없이 떠”도는 시인의 페르소나를 진정한 자아로 인식한 때문이다. “두드려도 열리지 않는 사랑이여”(「절망의 노래」)라고 불 꺼진 선창가에서 비탄의 목소리로 흐느끼는 것도 시인으로서의 페르소나가 워낙 강렬한 탓이다.

시인으로 살기 혹은 시인으로 살아내기의 고통을 이철수의 시는 보여준다. 끝내 도달할 수는 없을 것이다. 시인은 늘 길을 잃어버리는 존재이기 때문이다. 목포 북항 희미한 불빛의 주막집 언저리에서 그의 시를 다시 만날 수 있을 것이다. 그의 그리움을 만날 수 있을 것이다. 그런 생각이 든다. 떠도는 자의 노래, 기울어진 사랑의 노래를.

멀리 와서 보네. 벙어리 같은 섬들

—「떠도는 섬」 부분

이 도서의 국립중앙도서관 출판시도서목록(CIP)은 서지정보유통지원시스템 홈페이지(http://seoji.nl.go.kr)와 국가자료공동목록시스템(http://www.nl.go.kr/kolisnet)에서 이용하실 수 있습니다.(CIP제어번호: CIP2019002777)

문학의전당 시인선 0303

무서운 밥

초판 1쇄 인쇄 2019년 1월 25일
초판 1쇄 발행 2019년 2월 1일
지은이 이철수
펴낸이 고영
책임편집 서윤후
디자인 헤이존
펴낸곳 문학의전당
출판등록 제2017-000002호
주소 서울시 마포구 마포대로 11길 91, 3층
전화 02-852-1977 팩스 02-852-1978
전자우편 sbpoem@naver.com

ISBN 979-11-5896-411-5 03810